des **AMÉRICAINS** *dans la* *Grande Guerre*

des **AMÉRICAINS** *dans la* **Grande Guerre**

Par l'aspirant David Sbrava, de l'ECPAD

Panneau d'ambulance américaine **SS18** *avec les deux drapeaux français et américain.*

N°04-503512
(C) Photo RMN - © Thierry Le Mage

L'engagement des États-Unis dans la Première Guerre mondiale constitue un événement déterminant pour le camp de l'Entente, confronté à de nombreuses difficultés militaires et autres crises politiques. Les premiers mois de l'année 1917 sont marqués par la chute du tsar Nicolas II, qui conduit au désengagement de la Russie dans le conflit. En avril 1917, la tentative de percer le front entreprise par le général Nivelle sur le Chemin des Dames se transforme en échec, suscitant la colère et l'incompréhension au sein des opinions publiques. L'espoir de remporter une victoire sans le soutien des États-Unis – et de leur industrie puissante – se trouve définitivement écarté.

Affiche « Beat back the Hun with Liberty Bonds ».

N°06-505812
(C) Paris - Musée de l'Armée, Dist. RMN - © Pascal Segrette

L'entrée des États-Unis dans la guerre n'était pas, avant le 6 avril 1917, date de la déclaration de guerre, une chose évidente pour leur gouvernement. Depuis le déclenchement des hostilités en août 1914, le président Woodrow Wilson, soutenu par une majorité de la population, se refuse à engager la nation américaine dans une guerre lointaine et résultant des volontés expansionnistes des pays européens. Malgré l'affirmation d'une politique isolationniste, les États-Unis sont rattrapés par la réalité de la guerre. Les liens étroits qu'entretiennent les entreprises américaines avec la France, la Grande-Bretagne et l'Italie, par la fourniture des matières premières et des prêts nécessaires à leur effort de guerre, indiquent clairement le soutien que porte le gouvernement américain à ces derniers.

Une série d'événements va parachever l'adhésion des États-Unis au camp de l'Entente. L'annonce du 31 janvier 1917, qui marque la reprise de la guerre sous-marine à outrance par l'Allemagne, fait l'effet d'une provocation. Cette décision porte atteinte à la liberté de circulation des navires américains et aux exportations nécessaires à l'économie américaine. La reprise des torpillages par les *U-boot* signe le ralliement de l'opinion publique américaine hantée par le souvenir de la perte de plusieurs de ses ressortissants, dont le *Lusitania* et ses 128 victimes américaines font figure de symboles.

De plus, l'interception par les services secrets britanniques d'un message du ministre des Affaires étrangères allemand Zimmermann, qui invite le Mexique à rejoindre le camp de l'Allemagne, provoque la rupture, le 3 février 1917, des relations diplomatiques entre celle-ci et les États-Unis. Le 13 mars, les navires de commerce sont armés afin de riposter à la menace représentée par les sous-marins allemands. Le 2 avril, le président Wilson annonce sa décision d'entrée en guerre qui est ratifiée par le Congrès le 6 avril 1917.

Conservées au sein des archives de l'Établissement de communication et de production audiovisuelle de la défense (ECPAD), les photographies réalisées par la Section photographique de l'armée (SPA), dont le négatif est conservé sur plaque de verre, retracent en grande partie le déroulement de la Première Guerre mondiale. Créée en mai 1915 à l'instigation des ministères de la Guerre, des Affaires étrangères et des Beaux-Arts et de l'Instruction publique, cette section commandée par le sous-lieutenant Pierre Marcel Levi a pour mission de contrecarrer la propagande allemande et de constituer un fonds d'archives témoignant des efforts militaires consentis par la France pendant la guerre.

L'un des objectifs affichés par la SPA est de s'employer, avec la participation

TOGETHER WE WIN
UNITED STATES SHIPPING BOARD EMERGENCY FLEET CORPORATION

Le drapeau des volontaires américains de 1914.

N°06-502013
(C) Paris - Musée de l'Armée,
Dist. RMN - © Emilie Cambier

du ministère des Affaires étrangères, à présenter au niveau international le combat mené par la France comme une cause juste [1]. Les reportages consacrés à la présence des Américains dans la guerre sont ainsi nombreux et cela même avant leur entrée en guerre.

Présentés dans leur état de conservation actuel, les cent neuf clichés sont répartis en cinq chapitres, témoignant de la détermination américaine dans la Grande Guerre, depuis l'engagement de volontaires avant l'entrée en guerre de leur pays, jusqu'au défilé de la victoire du 14 juillet 1919, en passant par les combats menés par les troupes du général Pershing.

DES VOLONTAIRES POUR LA FRANCE

L'engagement des États-Unis aux côtés de la France prend différentes formes au cours de la guerre. Dès le déclenchement des hostilités en 1914, plusieurs ressortissants américains se portent volontaires pour servir dans la Légion étrangère. L'exemple le plus marquant demeure celui des pilotes de l'escadrille des volontaires N 124, plus connue sous le nom d'escadrille « La Fayette ». Née de l'idée de Norman Prince, cette escadrille voit le jour en avril 1916 sous un premier nom d'escadrille « américaine » avant d'adopter celui d'escadrille « La Fayette », en l'honneur du général français qui combattit aux côtés des insurgés américains lors de la guerre de l'Indépendance des États-Unis. Commandée par le capitaine Thénault, de nationalité française, les volontaires américains tels que Raoul Lufbery, William Thaw et Frederick Prince combattent et remportent plus d'une trentaine de victoires d'avril 1916 à avril 1917. L'escadrille paye un lourd tribut au cours de la guerre en perdant soixante-trois pilotes.

Fragment de l'avion de Willis : insigne de l'escadrille « La Fayette ».

N°92-003081-02
(C) Photo RMN / © Gérard Blot

---

[1] « Rapport sur la création, le fonctionnement, et les résultats de la Section photographique de l'armée », 10 octobre 1917, archives de la photothèque du fort de Saint-Cyr, ministère de la Culture, p. 86.

L'action des volontaires américains ne s'effectue pas seulement sur le plan militaire. Des Américains servent dans les rangs de nombreuses associations qui viennent en aide aux populations et aux soldats blessés. L'exemple de l'*American Ambulance Field Service (AAFS)* témoigne de l'action décisive menée par ces volontaires. Fondée dès août 1914 par A. Piatt Andrew et Stephen Galatti, l'*AAFS* se compose de nombreux étudiants qui ont décidé de servir comme conducteur d'ambulance pour le compte de l'hôpital américain de Neuilly. À bord de *Ford T*, les volontaires sillonnent le front pour porter secours aux soldats blessés. La Croix-Rouge américaine joue également un rôle majeur dans l'aide apportée aux populations chassées par la guerre. De nombreuses œuvres de bienfaisance, telles que l'*American Fund for French Wounded*, apportent vivres et médicaments dans les hôpitaux parisiens. Bientôt, ces efforts seront consentis par l'ensemble des Américains lors de l'entrée en guerre de leur pays en avril 1917.

« LA FAYETTE NOUS VOILÀ ! »

Des événements marquants, relayés par les journaux illustrés pour leur caractère symbolique, annoncent l'arrivée massive des contingents américains en France. Débarquant à Boulogne-sur-Mer le 13 juin 1917, le général Pershing, « Black Jack » (1860-1948), commandant de l'*American Expeditionary Force (AEF)*, prépare avec l'aide de son état-major l'arrivée de ses troupes sur le continent. À Paris, où il reçoit un accueil triomphal, il se recueille une première fois sur la tombe du marquis de La Fayette, inhumé au cimetière de Picpus.

Rapidement, les premières unités américaines touchent le sol français. La 1re division d'infanterie (*Big Red One*) commandée par le général Sibert débarque dans le port de Saint-Nazaire le 26 juin 1917. Plus de quatorze mille hommes prennent leurs quartiers dans les camps aménagés en périphérie de la ville.

Le 4 juillet 1917, une grande cérémonie est organisée pour célébrer la fête nationale américaine *Independence Day*. Le 1er bataillon du 16e régiment d'infanterie – rattaché à la 1re Division – participe à une prise d'armes aux Invalides puis défile dans les rues de Paris. Sous les acclamations de la foule, les hommes du bataillon américain rejoignent le cimetière de Picpus. En compagnie du général Pershing, le lieutenant-colonel Charles E. Stanton, membre de l'état-major de l'*AEF*, prononce une phrase devenue célèbre : « La Fayette, we are here » !

L'INSTALLATION EN FRANCE

L'arrivée massive des contingents américains est immédiatement suivie par la mise en place d'une logistique importante. L'infrastructure aménagée par le *Service of Supply* (camp, dépôt de ravitaillement) modifie souvent le paysage de certaines villes. En parallèle au travail d'aménagement des ports tels que Le Havre, Saint-Nazaire ou Bordeaux, l'armée américaine implante ses principaux camps dans la Meuse. Aménagés au bord de la rivière Ornain, ces camps jouxtent le plus souvent des villages français, obligeant la population civile à cohabiter avec les *Doughboys*. Cette cohabitation offre l'occasion aux opérateurs de la Section photographique de l'armée de réaliser de nombreux reportages sur les relations entre Français et Américains. Un discours photographique s'installe peu à peu, où les clichés montrant des soldats posant avec des enfants ou des personnes âgées sont courants. L'image du soldat américain jeune et sympathique, proche de la population rurale puisque semblable par sa posture et son large *campaign hat* à un cow-boy, se trouve représentée dans la réalisation des corvées et des travaux des champs, ou par le biais des scènes de repos. Après le temps de l'installation et de la découverte du pays, les troupes américaines se préparent au combat.

Affiche pour la Croix-Rouge américaine, « I Sumon you to comradeship, the red Cross ».

L'ENTRAÎNEMENT À LA GUERRE DE TRANCHÉES

Soldat de la 4ᵉ brigade de Marines à la Naix-aux-Forges, Meuse, juillet 1917.

Opérateur : Albert Moreau
SPA 216 M42 71

Les États-Unis d'Amérique connaissent, comme lors de la guerre de Sécession (1861-1865), une augmentation rapide de leurs effectifs militaires en raison de l'application de la conscription. De deux cent mille au mois d'avril 1917, l'armée américaine compte en novembre 1918 plus de quatre millions de soldats [2]. Le général Pershing doit relever deux défis importants : accélérer l'instruction de son armée afin de la préparer à la guerre de tranchées, et obtenir un armement collectif que l'industrie américaine n'est pas immédiatement en mesure de lui fournir, sans pour autant aliéner son autonomie. L'armée américaine fait appel aux savoir-faire français et britannique accumulés durant les trois premières années de la guerre.

Dans les camps d'entraînement situés dans les environs de Gondrecourt-le-Château (Meuse), les troupes de la 1ʳᵉ division d'infanterie américaine reçoivent l'instruction de la part d'un encadrement français, en grande partie assuré par la 47ᵉ division d'infanterie du général Pouydraguin. Les bataillons de chasseurs alpins de la division préparent les troupes américaines au franchissement des réseaux de barbelés et à l'attaque des tranchées adverses. Avec l'*Army* (l'armée de terre), les troupes de la 4ᵉ brigade de *Marines* participent aux entraînements dans la région de La Naix-aux-Forges. Les soldats américains s'exercent au maniement des armes collectives de fabrication française. L'entraînement se poursuit jusqu'au mois de septembre 1917. À l'automne, les premiers soldats américains gagnent le secteur relativement calme de la Meurthe-et-Moselle.

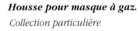

Housse pour masque à gaz.
Collection particulière

---

[2] *Les États-Unis dans la guerre*, André Kaspi, Encyclopédie de la Grande Guerre, sous la direction de Stéphane Audoin-Rouzeau et Jean-Jacques Becker, Paris, éd. Bayard, 2004. p. 509-516.

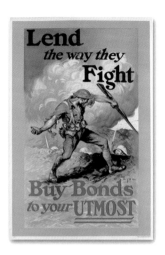

LES AMÉRICAINS AU COMBAT

Le commandement américain est confronté à un problème important. En effet, les états-majors français comme britannique pensent « amalgamer » les troupes américaines avec les armées déjà présentes sur le front. En accord avec le président Wilson, le général Pershing refuse l'éclatement de ses effectifs et souhaite se voir attribuer rapidement un secteur propre.

Les troupes amenées sur le front font l'expérience du combat de tranchée. Les premières pertes subies par l'armée américaine sont essuyées à Bathelémont-lès-Bauzemont en Meurthe-et-Moselle. Lors d'une relève d'un poste d'observation, une section américaine tombe pendant une attaque. Trois défenseurs américains sont tués. L'émotion est vive aux États-Unis. Les véritables combats dans lesquels les troupes américaines sont mises à l'épreuve se déroulent au printemps et à l'été 1918. Depuis le mois de mars 1918, le général Ludendorff a pris l'initiative en lançant ses attaques sur tous les points du front, de l'Yser à l'Aisne. Pour colmater les brèches ouvertes par l'offensive allemande, les troupes américaines sont versées dans la bataille. Le 28 mai 1918, les *Black Lions* du 28ᵉ régiment d'infanterie américain s'emparent, sous la protection des chars français, de la ville de Cantigny dans la Somme. Les troupes américaines remportent leur première victoire sur le front. Lors de la seconde bataille de la Marne lancée le 15 juillet 1918, les troupes américaines combattent pour la défense du Bois-Belleau et la reprise de Château-Thierry, où les *Marines* de la 4ᵉ brigade et les hommes de la 2ᵉ division d'infanterie américaine *(Indian Head)* s'illustrent lors des combats, forçant l'admiration de leurs camarades français et britanniques.

Sur mer, les marins américains participent à la lutte menée contre les sous-marins allemands à partir de la base navale de Brest. Une armada de navires militaires et civils, reconvertis pour

Insigne d'épaule de la 2ᵉ division d'infanterie américaine.

Collection particulière

Affiche sur les US Marines
« Another Notch Château Thierry ».

N°06-505825
*(C) Paris - Musée de l'Armée,
Dist. RMN - © Pascal Segrette*

l'occasion en contre-torpilleurs, sillonne les côtes françaises à la recherche des *U-Boot* allemands. Dans les airs, les aviateurs américains participent aux combats au sein de groupes tels que la 94ᵉ escadrille, où de nombreux pilotes de l'escadrille « La Fayette » servent désormais comme instructeurs et commandants.

L'engagement de la Iʳᵉ armée américaine, directement commandée par le général Pershing, répond au souhait de poursuivre la contre-offensive formulé par le général Foch, commandant des forces alliées. Entre les 12 et 14 septembre 1918, les troupes américaines réduisent le saillant de Saint-Mihiel au sud de Verdun. Puis, remontant l'Argonne, les unités américaines font tomber les derniers bastions de résistance allemande en s'emparant du village de Montfaucon. La Iʳᵉ armée progresse vers le nord et atteint les faubourgs de Sedan le 7 novembre 1918. Le 11 novembre 1918, l'armistice est signé.

Le 14 juillet 1919, les troupes américaines participent, drapeaux en tête, au défilé de la victoire sur les Champs-Elysées. Les pertes subies par les troupes de l'*American Expeditionary Force (AEF)* s'élèvent alors à plus de 116 000 hommes [3], morts au combat, des suites de leurs blessures et de maladies.

D.S.

---

[3] *États-Unis*, Yves-Henri Nouailhat, *Inventaire de la Grande Guerre* sous la direction de François Lagrange, éd. Universalis Paris, 2005. p.445.

AMERICA *at war*

By Colonel (R.) Peter Herrly, historian

It is July 4th, 1917. America's birthday - all across the USA, as always, in every city and even the smallest towns and villages, there are barbecues, fireworks, and parades, as America celebrates the anniversary of the Declaration of Independence from Great Britain.

But in 1917 there is another parade, still with American soldiers, military music, American flags, and a wildly cheering crowd, but this parade is far from the shores of America. The young American soldiers in this parade - still wearing their « campaign hats » that look so much like cowboy hats and fresh from their service on the Mexican border (looking for the famous bandit Pancho Villa) - are marching down the streets of Paris, France. And the cheers are coming not from Americans but from an enthusiastic French crowd - one composed mostly of women, children and old men.

For the vast majority of young Frenchmen are fighting in the trenches of the Western Front, where they have been enduring so much for three long and bloody years already. And this parade has been requested by the French authorities to reassure these soldiers and the French people that the United States of America, which

Le 1er bataillon du 16e régiment d'infanterie américain défile lors de la fête de l'Independence Day, Paris, 4 juillet 1917.

Opérateur : Gabriel Boussuge
SPA 97 P 1183

**Insigne d'épaule
de la 1ʳᵉ division
d'infanterie américaine.**

Collection particulière

declared war against Imperial Germany on April 6th 1917, is finally sending her own young men to take up the Allied cause.

It seems so long ago, 90 years, as we look today at those images of young American soldiers – the French are just starting to call them « Sammies » – literally strolling across Paris, with that insouciance so typical of America and America's Army. And yet, those images are startlingly fresh – that casual look can still be seen among American soldiers even today. As can the Divisional shoulder patch of the first U.S. military unit to ever march in a French city, the 1st Division, the « Big Red One »– and units from the U.S. Army's 1st Infantry Division have served recently side by side with the French Army in Afghanistan.

Indeed, this tradition of French-American military cooperation – begun with such extraordinary effect during America's War of Independence but largely dormant since – gained its most important impulse in 1917. The American regiment marching along the cobblestones of Paris was like all the other American units only partially trained. Indeed, one reason the German high command took the decision to declare unrestricted submarine warfare, knowing that the United States would enter the war against them as a consequence, was their calculation that a nation with an Army of only 100,000 men lacking any kind of modern equipment would never be able to prepare itself for the extreme rigors and technical challenges of modern industrial warfare.

What the German commanders overlooked was the tremendous synergy that would be unleashed between the French Army – and indeed France itself – and the young and raw American Army. The film archives of ECPAD are rich with images that show a cooperation on a literally unprecedented scale. From the very basics of trench warfare – even showing the Sammies about grenades – up to the latest generations of combat technology and sophisticated

Boite à viande modèle 1916.
Collection particulière

**Bidon modèle 1910
dans sa housse.**

Collection particulière

weapon systems, the French Army became the indispensable teacher and equipment provider to the American Army.

Back in the United States, massive and intensive efforts were underway to raise more soldiers. Indeed, the tiny U.S. Army of 1916 was destined to grow to over three million men in a year and a half, and over two million of them would see service on the soil of France. But those soldiers would arrive with no cannons, aircraft, or the new evolving tank − of which every one would be furnished by the Allies, the vast majority by France (by the end of the war, the Americans purchased in France over 500 tanks, 4,000 cannons, and 10,000 machine guns).

Even more fundamentally, the millions of Americans would require supply and transport on a truly massive scale, a requirement laid on top of a France whose wartime economy was already straining every sinew. The sheer magnitude of support is revealed in the numbers: the Americans (with French help) constructed over 1,500 kilometers of railroad tracks (and 1,500 locomotives and 18,000 railroad cars); four huge docks with 24 berths; over eight million square meters of covered storage space; 16,000 barracks; bakeries; refrigeration plants; and several enormous hospitals. And the quantities of ammunition produced and distributed exceeded 340 millions rounds of all types!

But all of this equipment would be useless without training, and here even more was shown the intense and productive relationship between the French and American armies. As Robert Bruce points out in a superb new study, « A Fraternity of Arms: America and France in the Great War », the task of training the brash young Americans for the deadly and complex business of modern warfare was not an easy

**Baïonnette modèle 1917
pour fusil US17.**

Collection particulière

one, especially as the American commander, the determined (and stubborn!) General John Pershing, insisted that his new Army be trained above all on « open warfare » (which had not been seen in France since 1914). But the French Army approached this task with skill and tact, providing the Sammies and their officers training in everything from how to live and fight in the trenches, to instruction in the new weapons like tanks and airplanes, to the complex tasks of coordinating the deployment and tactical operations of not only divisions but corps and armies.

Ceinturon modèle 1918 pour fusil-mitrailleur BAR.
Collection particulière

The mutual respect shown to each other not only made for more effective learning, but further strengthened professional and personal ties between the two armies — a bond which would be tested but proven strong in the climactic combats of 1918 (and which would consciously be evoked by the American Army 20 years later when undertaking the massive rearmament of the Free French Army in North Africa in 1943). At the highest level of command, General Pershing himself, despite his legendary stubbornness, showed a remarkable openness and willingness to construct positive relationships with his French counterparts.

Gamelle modèle 1910 en aluminium.
Collection particulière

Thus, the image of the young, enthusiastic and energetic Americans on their 4th of July parade through the streets of Paris, so warmly welcomed by the French people who were counting so much on their help, would prove to be prophetic of a rapidly growing and extremely productive relationship — a relationship which would lay the foundation for the participation of fully trained, equipped, and ready American soldiers to take their places alongside their French comrades in the decisive battles of 1918.

P.H.

Cet album est une publication de sources iconographiques issues du fonds de l'Établissement de communication et de production audiovisuelle de la défense (ECPAD).

● Les légendes placées sous les photographies sont rédigées à partir des éléments d'origine laissés par les opérateurs, avec une indication sur la date et le lieu de la prise de vue. Chaque légende est enrichie par l'ajout d'éléments provenant d'un travail de recherche documentaire.

● Une traduction des légendes en langue anglaise accompagne les clichés sélectionnés.

● En bordure des photographies sont indiqués le nom de l'opérateur et les références du cliché dans le classement des archives de l'ECPAD.

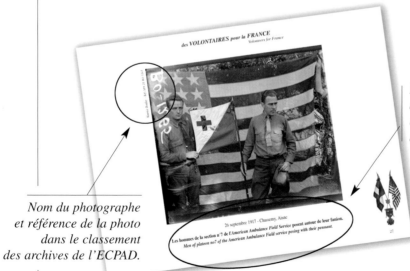

Légendes écrites à partir des éléments d'origine et enrichies par un travail de recherche documentaire.

Nom du photographe et référence de la photo dans le classement des archives de l'ECPAD.

This album is a publication of iconographical resources of the Établissement de communication et de production audiovisuelle de la défense (ECPAD).

● The captions underneath the photographs were written from original elements left by photographers, with pieces of information about dates and locations. Each caption is enriched with elements collected by our researchers.

● The name of the photographer and the reference of the document can be found next to the photograph.

The name of the photographer and the reference of the document can be found next to the photograph.

The captions underneath the photographs were written from original elements left by photographers and with details collected by our researchers.

DES VOLONTAIRES
pour la FRANCE
Volunteers for France

4 juillet 1916 - Paris, cimetière de Picpus

**La fête de l'Indépendance américaine est célébrée devant la tombe
du marquis de La Fayette.**

*Independence Day is celebrated at the foot
of Marquess de La Fayette's tomb.*

Jacques Agié - Réf: SPA 23 X 950

Gabriel Boussuge - Réf : SPA 20 P 244

14 mai 1916 - Luxeuil-les-Bains, Haute-Saône

**Les pilotes américains de l'escadrille N 124, future escadrille "La Fayette",
posent au retour d'une mission.**

*American pilots of Squadron N 124, that will later become Squadron "La Fayette",
posing after a mission.*

Gabriel Boussuge - Réf : SPA 20 P 247

14 mai 1916 - Luxeuil-les-Bains, Haute-Saône

Le capitaine Thénault, commandant de l'escadrille, donne ses instructions.

Captain Thénault, the squadron leader, issues his instructions.

Gabriel Boussuge - Réf : SPA 20 P 240

14 mai 1916 - Luxeuil-les-Bains, Haute-Saône

Les mécaniciens de l'escadrille préparent le *Nieuport 11* d'un pilote américain.

Mechanics of the squadron are preparing a Nieuport 11 for an American pilot.

Pierre Machard - Réf: SPA 27 C 2625

15 août 1916 - Récourt-le-Creux, Meuse

**La section *AU-2* de l'*American Ambulance Field Service (AAFS)*
évacue un blessé.**

*Platoon AU-2 of the American Ambulance Field Service, AAFS,
evacuating a casualty.*

15 août 1916 - Sommedieue, Meuse

Une ambulance américaine avant son départ pour le front.
An American Ambulance before its departure to the front.

Pierre Machard - Réf: SPA 27 C-2630

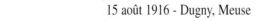

Pierre Machard - Réf: SPA 27 C 2639

15 août 1916 - Dugny, Meuse

Les ambulanciers américains de la section *U-5* prennent leur déjeuner.

American ambulance men of platoon U-5 having lunch.

21 juin 1916 - Paris

**À la gare des Batignolles, les camions de l'*American Clearing Relief House*
transportent les médicaments pour les hôpitaux.**

*At Batignolles train station, trucks of the American Clearing Relief House
convey medicines for hospitals.*

Albert Moreau - Réf: SPA 98 M 2192

28 août 1916 - Paris

**Rue Raynouard, les chauffeurs de l'*American Ambulance Field Service*
se reposent à leur retour du front.**

*Rue Raynouard in Passy, drivers of the American Ambulance Field Service
are resting on their return from the front.*

Albert Moreau - Réf: SPA 116 M 2568

Albert Samama-Chikli - Réf: SPA 40 L 1986

28 novembre 1916 - Paris

**À l'Alcazar d'été, des conductrices de l'*American Fund for French Wounded*
participent au transport du matériel médical.**

*At the variety theater Alcazar d'été in Paris, drivers of the American Fund
for French Wounded take part in the transportation of medical equipment.*

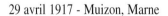

29 avril 1917 - Muizon, Marne

**Le lieutenant Piatt Andrew, fondateur de l'*American Ambulance Field Service*
décoré de la Légion d'honneur, pose aux côtés de ses camarades derrière leur drapeau.**

*Lieutenant Andrew Piatt, founder of the American Ambulance Field Service, who has been awarded the
french Légion d'honneur is posing with his comrades behind their flag.*

DES VOLONTAIRES POUR LA FRANCE

Volunteers for France

Albert Samama-Chikli - Réf: SPA 40 L 1983

28 novembre 1916 - Paris

**À l'Alcazar d'été,
des jeunes Américaines préparent des sacs à surprises pour les hôpitaux.**

*At the variety theater Alcazar d'été in Paris,
young American women are preparing lucky bags for hospitals.*

26 septembre 1917 - Chassemy, Aisne

Une section de l'*American Ambulance Field Service* se repose.
A platoon of the American Ambulance Field Service is resting.

DES VOLONTAIRES POUR LA FRANCE

Volunteers for France

Maurice Boulay - *Réf: SPA 21 BO 1265*

26 septembre 1917 - Chassemy, Aisne

Les hommes de la section n° 7 de l'*American Ambulance Field Service* posent autour de leur fanion.

Men of 7th platoon of the American Ambulance Field Service posing with their pennant.

Gabriel Boussuge - Réf : SPA 107 P 1356

1er octobre 1917 - Paris

**Au 20 rue Troyon, le personnel de la Croix-Rouge américaine
prépare des colis pour les hôpitaux.**

The staff of the American Red Cross preparing parcels for hospitals, rue Troyon in Paris.

DES VOLONTAIRES POUR LA FRANCE

Volunteers for France

Jacques Agié - Réf : SPA 62 X 2385

1er mars 1918 - Nancy, Meurthe-et-Moselle

Un magasin de la Croix-Rouge américaine distribue les colis pour les réfugiés.

*The staff of the American Red Cross handing out parcels
to refugees in a warehouse.*

1er septembre 1917 - Toul, Meurthe-et-Moselle

À la caserne du Luxembourg, une nurse joue avec les enfants réfugiés.

A nurse is playing with refugee children at Luxembourg barracks.

Auguste Goulden - Réf: SPA 10 GO 358

Jacques Agié - Réf : SPA 62 X 2418

1er mars 1918 - Toul, Meurthe-et-Moselle

**Un enfant prend son petit déjeuner dans le réfectoire
de la Croix-Rouge américaine.**

A child is having breakfast in a canteen of the American Red Cross.

LA FAYETTE
nous voilà !
La Fayette we are here !

13 juin 1917 - Paris

**Le général Pershing, commandant en chef du corps expéditionnaire américain en France,
arrive à l'hôtel Crillon sous les acclamations.**
*General Pershing, commander-in-chief of the American Expeditionary Force in France
arrives at the hotel Crillon to great cheerings.*

Bauche - Réf: SPA 15 CB 166

13 juin 1917 - Paris

Le général Joffre arrive à l'hôtel Crillon.
General Joffre arrives at the hôtel Crillon.

Bauche - Réf : SPA 15 CB 167

LA FAYETTE NOUS VOILÀ !

La Fayette we are here !

Bauche - Réf: SPA 1S CB 173

13 juin 1917 - Paris

**Le général Pershing et le général Pelletier saluent la foule
depuis le balcon de l'hôtel.**

General Pershing and General Pelletier greeting the crowd.

LA FAYETTE NOUS VOILÀ !

La Fayette we are here !

13 juin 1917 - Paris, cimetière de Picpus

Le général Pershing dépose une couronne sur la tombe du marquis de La Fayette.

General Pershing lays a wreath on Marquess de La Fayette's tomb.

Bauche - Réf: SPA 15 CB 184

13 juin 1917 - Paris, cimetière de Picpus

Le salut devant la tombe du marquis.

General Pershing saluting in front of Marquess de La Fayette's tomb.

LA FAYETTE NOUS VOILÀ !

La Fayette we are here !

Damian - Réf: SPA 1 AD 66

25 juin 1917 - Saint-Nazaire, Loire-Atlantique

Le général Pershing et le contre-amiral Cleaves, responsable de l'escadre américaine.

General Pershing and Rear Admiral Cleaves in charge of the American fleet.

25 juin 1917 - Saint-Nazaire, Loire-Atlantique

**Le général Pershing arrive en gare de Saint-Nazaire
pour assister au débarquement de ses troupes.**

*General Pershing arrives at Saint-Nazaire train station
to attend the disembarkation of his troops.*

Daniau - Réf: SPA 1 AD 52

25 juin 1917 - Saint-Nazaire, Loire-Atlantique

Dans le port, les troupes américaines se pressent aux bastingages des navires.
In the harbor, American troopers crushing up against the ships rails.

Daniau - Réf : SPA 1 AD 11

25 juin 1917 - Saint-Nazaire, Loire-Atlantique

Les hommes de la 1re division d'infanterie sont rassemblés sur le quai de débarquement.

Troopers of the 1st Infantry Division are gathered on the disembarkation quay.

Daniau - Réf : SPA 1 AD 18

LA FAYETTE NOUS VOILÀ !

La Fayette we are here!

Daniau - Réf: SPA 1 AD 26

25 juin 1917 - Saint-Nazaire, Loire-Atlantique

**Le général Sibert, commandant de la 1ʳᵉ division d'infanterie,
arrive sur le quai.**

*Brigadier General Sibert, commander of the 1ˢᵗ Infantry Division
sets foot on the quay.*

LA FAYETTE NOUS VOILÀ !

La Fayette we are here !

Daniau - Réf : SPA 1 AD 37

25 juin 1917 - Saint-Nazaire, Loire-Atlantique

Soldats américains sur le pont de leur navire.

American troopers on the deck of their ship.

LA FAYETTE NOUS VOILÀ !

La Fayette we are here!

Daniau - Réf.: SPA 1 AD 16

25 juin 1917 - Saint-Nazaire, Loire-Atlantique

Les troupes attendent sur le quai.

Troopers waiting on a quay.

LA FAYETTE NOUS VOILÀ !

La Fayette we are here !

25 juin 1917 - Saint-Nazaire, Loire-Atlantique

Les soldats américains gagnent les cantonnements installés à Villez-Martin.

American troopers getting to their billets in Villez-Martin.

Des soldats américains arrivent dans un camp.

American troopers arriving in a camp.

Daniau - Réf: SPA 1 AD 63

LA FAYETTE NOUS VOILÀ !

La Fayette we are here!

Auguste Goulden - Réf: SPA 4 GO 104

4 juillet 1917 - Paris, Hôtel des Invalides

**Les généraux Pershing et Joffre assistent à la revue des troupes américaines
pour la fête de l'Indépendance.**

General Pershing and General Joffre attending a parade of American troops on Independence Day.

LA FAYETTE NOUS VOILÀ !

La Fayette we are here!

Auguste Goulden - Réf : SPA 4 GO 101

4 juillet 1917 - Paris, Hôtel des Invalides

La musique du 16ᵉ régiment d'infanterie participe à la cérémonie.

The band of the 16th Infantry Regiment takes part in the ceremony.

4 juillet 1917 - Paris

**Rue de Varenne,
la foule s'est réunie devant l'hôtel du général Pershing.**

*Rue de Varenne in Paris,
the crowd has assembled in front of General Pershing's hotel.*

4 juillet 1917 - Paris

**Les enfants des écoles de Picpus
attendent le passage du défilé des troupes américaines.**
*Children from schools of Picpus area
are waiting for the parade of American troops.*

Gabriel Boussuge - Réf: SPA 97 P 1177

LA FAYETTE NOUS VOILÀ !

La Fayette we are here!

Gabriel Boussuge - Réf: SPA 97 P 1176

4 juillet 1917 - Paris, cimetière de Picpus

Le drapeau du 16e régiment d'infanterie arrive au cimetière.

The flag of the 16th Infantry Regiment arrives in the cemetery.

LA FAYETTE NOUS VOILÀ !

La Fayette we are here !

Gabriel Boussuge - *Réf: SPA 97 P 1175*

4 juillet 1917 - Paris, cimetière de Picpus

Le 1er bataillon du 16e régiment d'infanterie entre dans le cimetière.

The 1st battalion of the 16th Infantry Regiment enters the cemetery.

L'INSTALLATION
en FRANCE
Settling in France

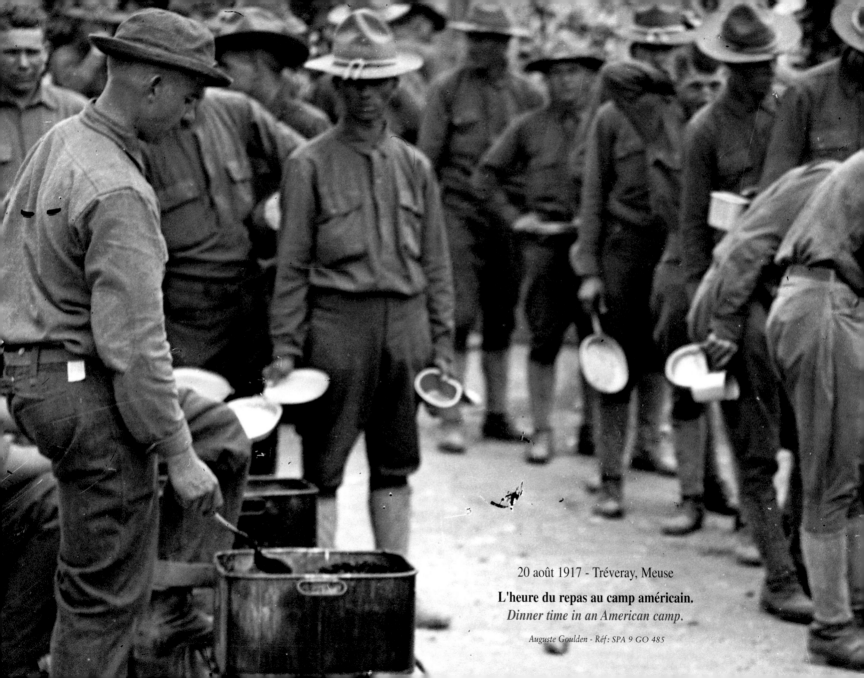

20 août 1917 - Tréveray, Meuse

L'heure du repas au camp américain.
Dinner time in an American camp.

Auguste Goulden - Réf: SPA 9 GO 485

Auguste Goulden - Réf: SPA 9 GO 491

20 août 1917 - Gondrecourt-le-Château, Meuse

Un cuisinier américain prépare son feu.

An American cook making a fire.

20 août 1917 - Gondrecourt-le-Château, Meuse

Un boucher au travail.

A butcher at work.

1er septembre 1917 - Saint-Amand-sur-Ornain, Meuse

Un soldat américain lave son linge.

An American trooper washing his linen.

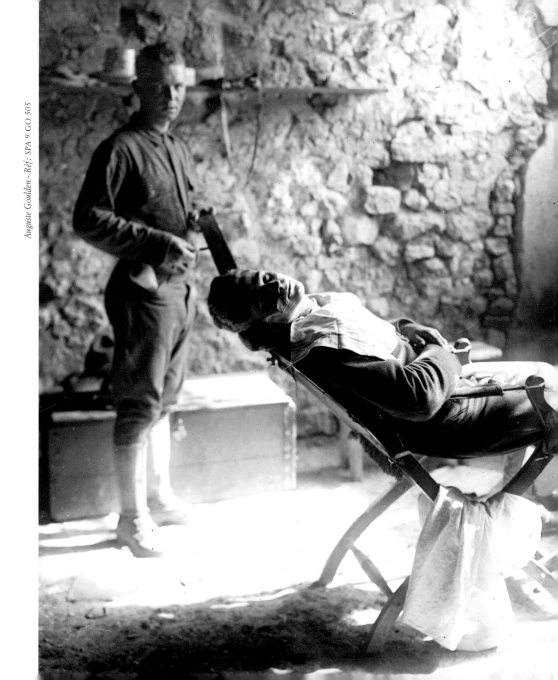

20 août 1917 - Tréveray, Meuse

Un barbier et son client.

A barber and his client.

Auguste Goulden - Réf: SPA 9 GO 490

20 août 1917 - Gondrecourt-le-Château, Meuse

La distribution d'effets et de chaussures neufs.

Distribution of new clothes and boots.

V. Lavergne - Réf : SPA 331 M 5575

22 septembre 1918 - Sommeilles, Meuse

Un soldat du 366ᵉ régiment d'infanterie fait son paquetage.

A trooper of the 366th Infantry Regiment packing his bag.

Auguste Goulden - Réf: SPA 9 GO 440

20 août 1917 - Gondrecourt-le-Château, Meuse

Le maréchal-ferrant.

The blacksmith.

20 août 1917 - Gondrecourt-le-Château, Meuse

Le ferrage d'une mule rétive.

Shoeing of a stubborn mule.

Auguste Goulden - Réf : SPA 9 GO 441

20 août 1917 - Gondrecourt-le-Château, Meuse

**Une ligne télégraphique est posée
à l'entrée du village.**

A telegraph wire is laid outside a village.

Auguste Goulden - Réf: SPA 9 GO 428

20 août 1917 - Baudignécourt, Meuse

Des soldats américains construisent leur baraquement.

American troopers building their camp.

Auguste Goulden - Réf: SPA 10 GO 562

1er septembre 1917 - Tréveray, Meuse

Des muletiers assis sur une balle de foin.

Muleteers sitting on bale of hay.

20 août 1917 - Gondrecourt-le-Château, Meuse

Au cantonnement après l'exercice.

Troopers after the drill.

28 juillet 1917 - Ménaucourt, Meuse

Au camp du 5e régiment de *Marines*,
une messe est célébrée en plein air.
*An outdoor service is held at the 5th Regiment
of Marines camp.*

Albert Samama-Chikli - Réf : SPA 57 L 2723G

20 août 1917 - Gondrecourt-le-Château, Meuse

Groupe d'enfants et de soldats américains.

A group of children and American troopers.

1er septembre 1917 - Tréveray, Meuse

Soldat américain écrivant.

American trooper writing.

22 mars 1918 - Magnières, Meurthe-et-Moselle

Soldats américains dans le village.

American troopers in the village.

Albert Samama-Chikli - Réf: SPA 57 L 2673G

25 juillet 1917 - Gondrecourt-le-Château, Meuse

Un agent de liaison d'une compagnie d'infanterie en side-car.

A liaison officer from an infantry company on his sidecar.

Auguste Goulden - Réf: SPA 24 GO 1129

12 avril 1918 - Villers-le-Sec, Marne

Des soldats jouent aux dames devant la tente de la *Young Men's Christian Association (YMCA).*

Troopers playing draughts in front of a tent of the YMCA.

Auguste Goulden - Réf: SPA 9 GO 429

20 août 1917 - Baudignécourt, Meuse

Une partie de cartes au cantonnement.

A card game in the camp.

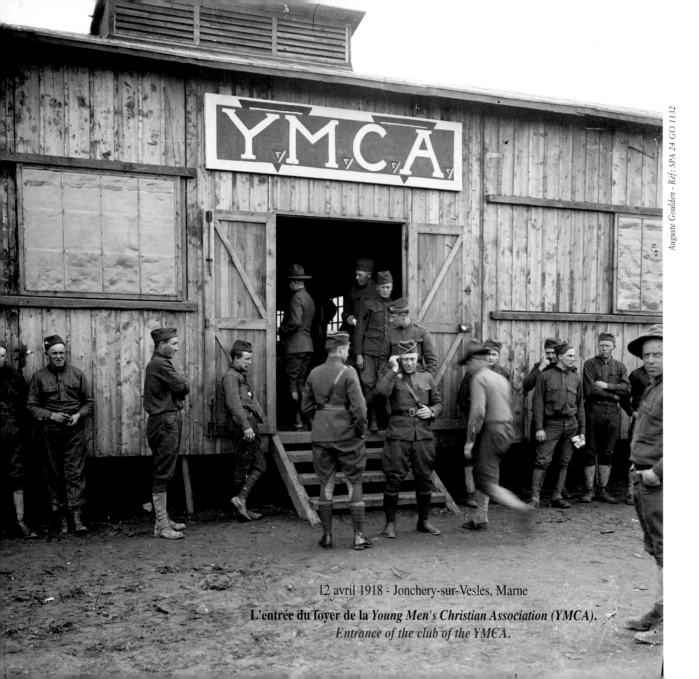

12 avril 1918 - Jonchery-sur-Vesles, Marne

L'entrée du foyer de la *Young Men's Christian Association (YMCA).*
Entrance of the club of the YMCA.

Auguste Goulden - Réf: SPA 25 GO 1162

22 avril 1918 - Beaumont, Meurthe-et-Moselle

La salle de correspondance de la *Young Men's Christian Association (YMCA)*.

A room where troopers write their correspondence.

31 mai 1918 - Rembercourt-Sommaisne, Meuse

**Un match de boxe se déroule
au camp du 371e régiment d'infanterie américain.**
A boxing match is held in the camp of the 371th Infantry Regiment.

Maurice Boulay - Réf: SPA 39 BO 1859

Maurice Boulay - Réf: SPA 42 BO 1942

4 juillet 1918 - Lavallée, Meuse

**Au camp du 370e régiment d'infanterie américain,
le colonel Denison et le lieutenant-colonel Duncan assistent aux fêtes de l'*Independence Day*.**

*Colonel Denison and Lieutnant-Colonel Duncan attend a ceremony for Independence Day
in the camp of the 370th Infantry Regiment.*

Maurice Boulay - Réf: SPA 39 BO 1862

31 mai 1918 - Rembercourt-Sommaisne, Meuse

Les soldats du 371e régiment américain jouent au base-ball.

Troopers of the 371st Infantry Regiment playing baseball.

L'ENTRAÎNEMENT
à la guerre de tranchée
Training for trench warfare

20 août 1917 - Demange-aux-Eaux, Meuse

Le départ pour le terrain d'entraînement.

Departure to the training area.

Auguste Goulden - Réf: SPA 9 GO 511

L'ENTRAÎNEMENT À LA GUERRE DE TRANCHÉE
Training for trench warefare

Auguste Goulden - Réf : SPA 9 GO 508

20 août 1917 - Demange-aux-Eaux, Meuse

Les troupes de la 1ʳᵉ division d'infanterie américaine gagnent le terrain d'exercice.

Troopers of the 1ˢᵗ Infantry Division reach the training area.

31 mai 1918 - Rembercourt-Sommaisne, Meuse

Des soldats du 371e régiment américain en ordre serré.

Troopers of the 371st Infantry Regiment during a close-order drill.

Maurice Boulay - Réf: SPA 39 BO 1864

Albert Samama-Chikli - Réf : SPA 57 L 2666D

27 juillet 1917 - Mauvages, Meuse

**Au centre d'instruction des grenadiers,
un soldat qui a bien lancé sa grenade est applaudi par ses camarades.**

*A trooper who has made a succesful throw is applauded by his comrades
at the training center for grenadiers.*

Auguste Goulden - Réf : SPA 9 GO 327

21 août 1917 - Demange-aux-Eaux, Meuse

Un exercice de lancement d'une grenade.

A drill for hand-grenade throwing.

20 août 1917 - Demange-aux-Eaux, Meuse

**Une démonstration
de l'utilisation du lance-grenades Viven-Bessières.**

*A demonstration of the **Viven-Bessières** grenade launcher.*

Albert Moreau - Réf: SPA 211 M 4190

26 juillet 1917 - Houdelaincourt, Meuse

Français et Américains s'expliquent le maniement de leurs fusils respectifs.

French and American troopers explaining the use of their respective rifle.

L'ENTRAÎNEMENT À LA GUERRE DE TRANCHÉE

Training for trench warefare

Auguste Goulden - Réf: SPA 8 GO 271

16 août 1917 - Gondrecourt-le-Château, Meuse

Les soldats américains dans les tranchées d'exercice.

American troopers in training trenches.

Albert Moreau - Réf: SPA 211 M 4189

26 juillet 1917 - Houdelaincourt, Meuse

Un lieutenant du 12ᵉ bataillon de chasseurs alpins donne une instruction sur le masque à gaz français.

A Lieutenant from the 12th Mountain Infantry Battalion explains the use of the French gas mask.

20 août 1917 - Tréveray, Meuse

L'instruction au pistolet automatique *Colt M1911*.

Instruction in the use of a Colt M1911 automatic pistol.

27 août 1917 - Naix-aux-Forges, Meuse

**Des *Marines* du 5ᵉ régiment à l'entraînement
au tir sur mitrailleuse Hotchkiss.**
*Marines from the 5ᵗʰ Regiment training in the use
of a Hotchkiss machine gun.*

Albert Moreau - Réf : SPA 216 M 4273

Albert Samama-Chikli - Réf: SPA 57 L 2688D

28 juillet 1917 - Tréveray, Meuse

L'instruction sur le fusil-mitrailleur Chauchat.

*Training in the use of a **Chauchat** light machine gun.*

Auguste Goulden - Réf: SPA 9 GO 368

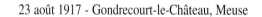

23 août 1917 - Gondrecourt-le-Château, Meuse

Une séance de tir au fusil-mitrailleur aidé par un chasseur alpin.

Shooting session with a light machine gun, with the help from an alpine trooper.

Auguste Goulden - Réf: SPA 10 GO 579

1er septembre 1917 - Tréveray, Meuse

Le nettoyage d'un fusil-mitrailleur Chauchat.

*The cleaning of a **Chauchat** light machine gun.*

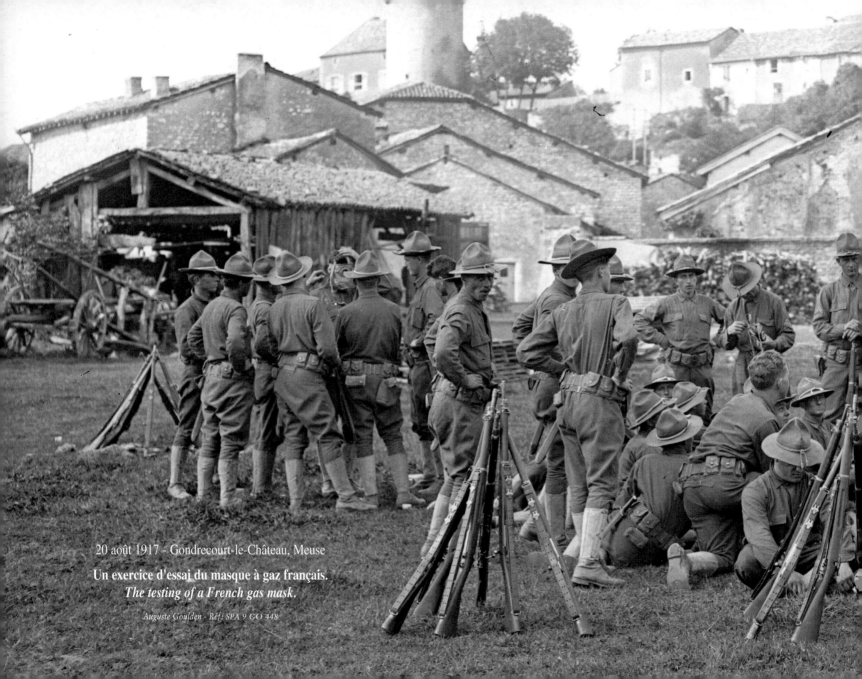

20 août 1917 - Gondrecourt-le-Château, Meuse

Un exercice d'essai du masque à gaz français.
The testing of a French gas mask.

Auguste Goulden - Réf: SPA 9 GO 448

Auguste Goulden - Réf: SPA 9 GO 450

20 août 1917 - Gondrecourt-le-Château, Meuse

La mise en place des masques.

The gas masks are worn.

L'ENTRAÎNEMENT À LA GUERRE DE TRANCHÉE

Training for trench warefare

16 août 1917 - Gondrecourt-le-Château, Meuse

Une sentinelle américaine, qui garde les faisceaux, s'exerce à sonner du clairon.

An American sentry keeping stacks of rifles is training to play the bugle.

27 août 1917 - Naix-aux-Forges, Meuse

Un exercice d'assaut mené par les _Marines_ du 5e régiment.

Assault drill performed by Marines of the 5th Regiment.

Albert Moreau - Réf: SPA 216 M 4267

Albert Moreau - Réf: SPA 216 M 4264

27 août 1917 - Naix-aux-Forges, Meuse

L'instruction des *Marines* du 5ᵉ régiment à la baïonnette.

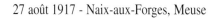

Bayonet training performed by Marines of the 5th Regiment.

Albert Moreau - Réf: SPA 216 M 4275

27 août 1917 - Naix-aux-Forges, Meuse

L'instruction d'un *Marine* à la baïonnette.

Bayonet training performed by a Marine.

LES AMÉRICAINS
au combat
Americans in combat

26 avril 1918 - Noyers-Saint-Martin, Oise

Le 28ᵉ régiment de la 1ʳᵉ division d'infanterie américaine monte en ligne.
The 28th Infantry Regiment of the 1st Infantry Division go to the front line.

Edmond Famechon - Réf: SPA 122 R 4430

Albert Moreau - Réf: SPA 289 M 5174

17 mai 1918 - Sarcus, Oise

Le général Weygand et l'attaché militaire américain dans les jardins de l'état-major du général Foch.

General Weygand and the American military attaché in the gardens of General Foch's head quarters.

Daniau - Réf: SPA 13 AD 367

16 août 1918 - Fismes, Marne

La 1re armée américaine poursuit son offensive au nord de Fismes.

The offensive of the 1st American Army continues north of Fismes.

Jacques Ridel - Réf: SPA 36 W 1814

22 mars 1918 - Saint-Clément, Meurthe-et-Moselle

La 42e division d'infanterie américaine fait une halte.

The 42nd Infantry Division makes a stop.

Auguste Goulden - Réf : SPA 25 GO 1167

22 avril 1918 - Beaumont, Meurthe-et-Moselle

Des soldats américains creusent une tranchée.

American troopers digging a trench.

19 juillet 1918 - Avocourt, Meuse

Un soldat du 371ᵉ régiment d'infanterie devant l'entrée d'un abri.

A trooper of the 371ˢᵗ Infantry Regiment posing in front of a dugout.

Maurice Boulay - Réf: SPA 47 BO 2110

Edmond Famechon - Réf : SPA 127 R 4522

28 mai 1918 - Cantigny, Somme

Les troupes américaines du 28e régiment de la 1re division d'infanterie partent à l'assaut des positions adverses.

Troopers of the 28th Infantry Regiment of the 1st Infantry Division mounting an assault on enemy lines.

28 mai 1918 - Cantigny, Somme

L'infanterie américaine progresse sous un tir de barrage.

The American infantry advancing under a barrage.

Edmond Famechon - Réf: SPA 127 R 4525

Edmond Famechon - Réf: SPA 127 R 4532

28 mai 1918 - Cantigny, Somme

Les troupes américaines avancent sous la protection des chars français.

American troops advancing under the protection of French tanks.

Edmond Famechon - Réf : SPA 127 R 4536

28 mai 1918 - Cantigny, Somme

Les premiers Allemands se rendent aux troupes françaises et américaines.

The first Germans surrender to the French and American troops.

28 mai 1918 - Cantigny, Somme

Les officiers du 5ᵉ groupe de chars
qui vient de participer à l'attaque posent aux côtés d'officiers américains.
Officers of the French 5ᵗʰ Tank Group
that took part in the attack posing with American officers.

Edmond Famechon - Réf: SPA 127 R 4543

17 juillet 1918 - Senoncourt-les-Maujoy, Aisne

Le chargement d'une pièce de 8 pouces par des artilleurs américains.

American gunners loading an 8-inch gun.

Maurice Boulay - Réf: SPA 47 BO 2101

Edmond Famechon - Réf: SPA 155 R 5249

30 septembre 1918 - Brest, Finistère

La préparation et l'installation des grenades sous-marines sur l'*USS Rambler*.

Preparation and setting of depth charges aboard USS Rambler.

Edmond Famechon - Réf: SPA 155 R 5252

30 septembre 1918 - Brest, Finistère

Ancien yacht civil, l'*USS Rambler* sert à la lutte contre les sous-marins entre Brest et La Palice.

*Formerly a civilian yacht, USS **Rambler** is used for antisubmarine warfare between Brest and La Palice.*

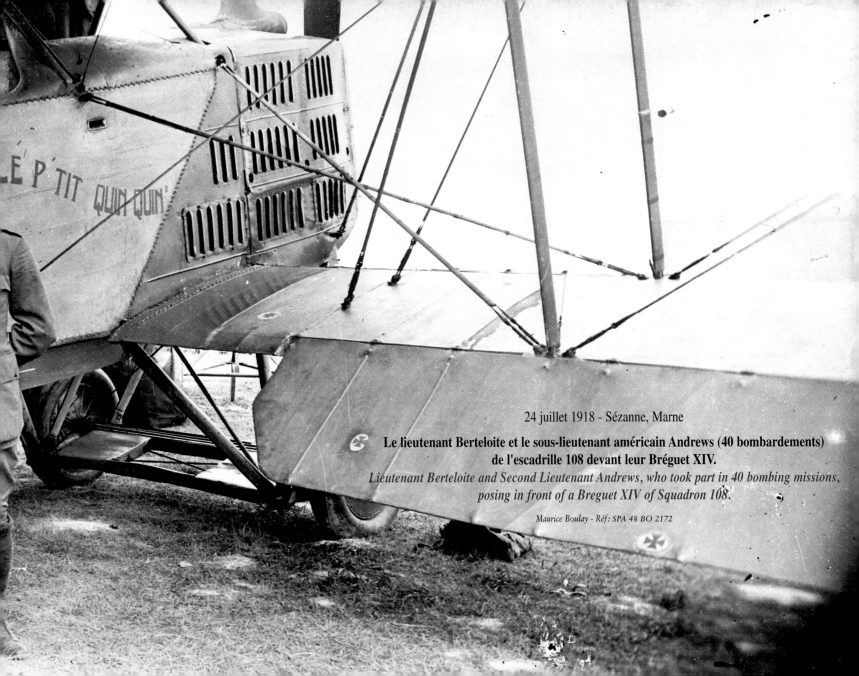

24 juillet 1918 - Sézanne, Marne

Le lieutenant Berteloite et le sous-lieutenant américain Andrews (40 bombardements)
de l'escadrille 108 devant leur Bréguet XIV.
Lieutenant Berteloite and Second Lieutenant Andrews, who took part in 40 bombing missions,
posing in front of a Breguet XIV of Squadron 108.

Maurice Boulay - Réf: SPA 48 BO 2172

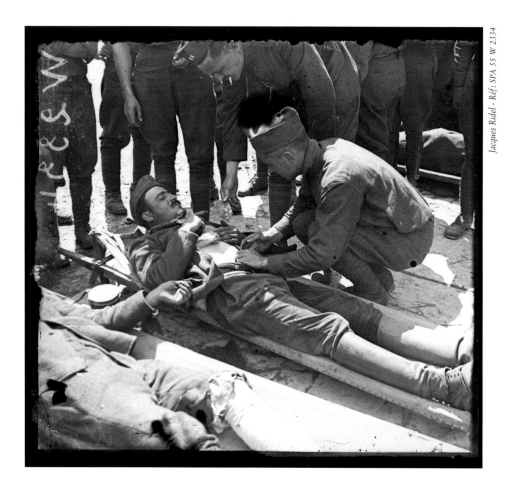

Jacques Ridel - Réf: SPA 55 W 2334

20 juillet 1918 - Pierrefonds, Oise

Un soldat américain reçoit une piqûre antitétanique à un poste de secours.

A trooper gets vaccinated against tetanus at a dressing station.

Jacques Ridel - Réf : SPA 55 W 2332

20 juillet 1918 - Pierrefonds, Oise

D'autres blessés attendent d'être évacués vers les hôpitaux de campagne.

Other casualties awaiting their evacuation to field hospitals.

18 mai 1918 - Secteur de la Ferme de Beaurepaire, Aisne

**Soldats du régiment d'infanterie coloniale du Maroc (RICM)
et soldats de la 2ᵉ division d'infanterie américaine dans un poste de secours.**
*Troopers of the Moroccan Infantry Regiment
and troopers of the 2ⁿᵈ Infantry Division at a dressing station.*

Panster - Réf: SPA N 2602

Pansier - *Réf: SPA N 2617*

18 juillet 1918 - Secteur de la Ferme de Beaurepaire, Aisne

**Des soldats de la 2ᵉ division d'infanterie américaine
interrogent des prisonniers après l'attaque.**

Troopers of the 2ⁿᵈ Infantry Division interrogating prisoners after the attack.

Lavergne - Réf: SPA 329 M 5554

14 septembre 1918 - Louppy-le-Château, Meuse

Des fantassins du 109ᵉ régiment américain au repos.

Troopers of the 109ᵗʰ Infantry Regiment making a stop.

Edgar Blineau - Réf: SPA 1 F 03G

22 juillet 1918 - Essômes-sur-Marne, Aisne

Des soldats américains après la prise du village.

American troopers after the seizure of the village.

Danian - Réf: SPA 13 AD 361

16 août 1918 - Fismes, Marne

Deux soldats de la 1ʳᵉ armée américaine sur la grande place détruite.

Two troopers of the 1ˢᵗ American Army on the village main square.

ICI REPOSENT
LES PREMIERS SOLDATS
de l'illustre République des ETATS-UNIS
Tombés en terre de France
POUR LA JUSTICE ET POUR LA LIBERTÉ
3 Novembre 1917

23 décembre 1917 - Bathelémont, Marne

La tombe des premiers soldats américains tués en France.

Tombs of the first American troopers who fell in France.

8 septembre 1918 - Bois Belleau, Aisne

Une cérémonie rend hommage aux soldats américains
tombés lors de la bataille du Bois Belleau de l'été 1918.
*A ceremony is held to pay a tribute to American troopers
who fell at the battle of Belleau Wood.*

Jacques Agié - Réf: SPA 67 X 2791

8 juillet 1918 - Souilly, Meuse

Le révérend américain McFarland se rend sur les tombes de soldats tués au combat.

Reverend McFarland visits the tombs of troopers who have been killed in action.

Maurice Boulay - Réf: SPA 42 BO 1964

Léon Heymann - Réf : SPA 12 EY 225

14 juillet 1919 - Paris, Champs-Élysées

**Les drapeaux des unités américaines défilent sur les Champs-Élysées
lors de la fête de la victoire.**

The flags of American units on the **Champs-Élysées** *during the ceremonies of victory.*

Médaille interalliés pour « La Civilisation et le Droit ».

Dessinée par Morlon en 1922, cette décoration attribuée à tous les combattants alliés
est également appelée « médaille de la Victoire ».
Chaque nation dispose de son propre modèle tout en conservant le ruban multicolore.

The French Victory medal of « The Great War for Civilization and Rights ».

Collection particulière

des **AMÉRICAINS** *dans la* **Grande Guerre**

AVEC LES PHOTOGRAPHES DE LA SPA...

Les opérateurs de la Section photographique de l'armée exécutent leurs reportages sur ordre de mission émanant du ministère de la Guerre. Les sujets couverts répondent aux besoins exprimés principalement par le ministère de la Guerre, mais ils peuvent aussi avoir été commandités par d'autres ministères tels que le sous-secrétariat d'État aux Beaux-Arts, qui veut garder des traces des dégâts infligés au patrimoine architectural national, le ministère des Affaires étrangères, pour appuyer son action en direction des nations qui ne se sont pas encore engagées dans le conflit, ou d'autres organismes encore comme par exemple le sous-secrétariat d'État de l'Artillerie et des munitions qui commandite en juillet 1915 un reportage sur le travail des femmes dans les ateliers de munitions de l'usine Renault de Billancourt.

PHOTOGRAPHIER ET LÉGENDER

Le travail des opérateurs est radicalement différent selon qu'ils opèrent dans la zone intérieure ou dans la zone des armées. La zone de l'intérieur est logiquement hors d'atteinte des obus ennemis et il est facile d'y circuler. Les missions menées dans cette zone sont peu contraignantes et ne posent pas de difficultés. En revanche, pénétrer dans la zone des armées impose de se plier à des procédures très rigoureuses. Chaque mission photographique fait l'objet d'une décision conjointe du cabinet du ministre de la Guerre, plus précisément son bureau d'information à la presse, et du Grand Quartier général, qui prévient les commandants d'armée de la mission des reporters. À leur arrivée sur le terrain, les opérateurs sont rapidement dirigés vers le QG de l'armée d'où ils sont transportés vers les secteurs à photographier. En général, ils sont accrédités auprès d'un corps d'armée ou d'une division et encadrés par un officier du deuxième bureau.

Les photographes sont chargés de rédiger les légendes de leurs plaques, à l'unité, même si plusieurs clichés sont ressemblants et traitent du même sujet. Ce travail indispensable mais fastidieux est parfois négligé par les photographes ce qui leur vaut un rappel à l'ordre en juillet 1917 :

« Les légendes d'un grand nombre d'opérateurs sont devenues incomplètes et ne permettent pas le tirage exact des épreuves. [...]. Les opérateurs sont priés de ne pas considérer la confection des légendes comme une partie secondaire de leur travail et d'y apporter tout le soin et l'attention désirables »[1].

Pour aider les photographes dans ce travail, la Section photographique a mis à leur disposition des fiches préimprimées comprenant toutes les rubriques qu'il convient de renseigner : lieu, sujet, date, référence de la plaque, nom de l'opérateur, etc. La totalité des fiches d'une série constitue une pochette d'opérateur. Les fiches, comme les plaques de verre, sont destinées au service des archives de la Section photographique de l'armée. Elles sont envoyées ou déposées directement rue de Valois, au siège du service.

Une pochette d'opérateur :

Il existe une pochette par série. Elle rassemble la totalité des fiches de légendes que les opérateurs avaient pris le soin de remplir, au crayon, photo par photo.

---

[1] « Livre d'ordres de la SPCA », 23 juin 1917-22 juillet 1919, archives de la photothèque du fort de Saint-Cyr, ministère de la Culture.

Une référence définitive est alors donnée aux plaques de verre négatives et le contenu des fiches est repris dans un « cahier de légendes ». En plus de la reprise des informations données par le photographe, une donnée essentielle est introduite dans le cahier de légendes : la décision de la censure, cliché par cliché, avec mention de la date de décision.

LA DIFFUSION EN FRANCE ET À L'ÉTRANGER

À leur arrivée à la Section photographique de l'armée, les plaques de verre négatives font l'objet de trois tirages papier destinés au comité de censure militaire. La liaison entre le service photographique et la censure est quotidienne, ce qui atteste l'importance du volume de plaques de verre traité par la section. La décision donnée par la censure autorise ou non la diffusion de l'image avec les mentions « I » pour Interdit et « B » pour Bon ou Bien. Cette décision n'est pas irrévocable et les dates de révision sont bien souvent postérieures à l'Armistice. En général, deux catégories d'images sont censurées : celles qui montrent une quelconque faiblesse de la France, de ses alliés et de leurs armées, et celles qui présentent un risque au plan militaire parce que susceptibles de donner des renseignements de diverses natures à l'ennemi.

Les cahiers de légendes :

Ce sont des registres écrits à la plume et qui reprennent les fiches de légendage d'origine. Ils sont destinés à faciliter la consultation et mentionnent pour chaque photographie, la décision retenue par la censure quant à sa possible diffusion.

L'objectif annoncé lors de la création de la Section photographique de l'armée était de contrer la propagande allemande qui visait à décrédibiliser l'action française dans le monde. Les photographies de la SPA vont donc être diffusées aussi bien à l'extérieur qu'à l'intérieur du territoire national.

Les clichés devant sortir du territoire national et ayant reçu un avis favorable du comité de censure sont soumis à un contrôle supplémentaire du ministère des Affaires étrangères qui se réserve tout droit d'interdiction de diffusion à l'étranger. Des envois réguliers sont effectués à l'étranger, principalement dans les pays neutres. En outre, les États-Unis et la Grande-Bretagne bénéficient d'une expédition quotidienne comprenant tous les clichés autorisés par la censure.

En France, le combat est quelque peu différent : il s'agit à la fois de confirmer la légitimité de la guerre menée contre l'Allemagne et de contribuer à maintenir le moral de la nation tout entière à un niveau élevé, celui des combattants comme celui de « l'arrière ». Les images doivent, par leur impact psychologique, contribuer à obtenir ce soutien.

On utilisera les moyens les plus divers pour assurer la diffusion de ces images : la Section photographique de l'armée édite de manière très classique des albums thématiques et des périodiques qu'elle fait imprimer en plusieurs langues mais elle utilise aussi des vecteurs plus inattendus : protège-cahiers pour enfants, marque-pages, menus à bord des paquebots transatlantiques, papillons largués au-dessus des lignes ennemies... Les conférences, organisées autour de projections sur écran géant, et les expositions s'avèrent également très efficaces. Tous les lieux de grand passage sont utilisés pour exposer : les halls des mairies, les foires de province, les lycées... En complément des reproductions en grand format des clichés des sections photographiques alliées et française, les visiteurs ont également à leur disposition des visionneuses stéréoscopiques leur permettant de voir en relief des images de la guerre.

DES ORIGINAUX SOIGNEUSEMENT CONSERVÉS...

Si les tirages de ces clichés peuvent aujourd'hui se trouver partout dans le monde, les négatifs originaux des photographies sont conservés au fort d'Ivry, sous forme de plaques de verre.

Les opérateurs de la SPA ont laissé derrière eux un patrimoine très riche - plus de

Le conditionnement d'origine :

Ces boîtes en bois avaient été spécialement fabriquées pour le rangement des clichés sur verre en tenant compte de leur format. Chaque boîte est rainurée et permet le stockage de plusieurs dizaines de plaques.

LA FRANCE ET SES ALLIÉS

La France et ses alliés :

Editée par la Section photographique de l'armée en 1918, cette revue d'illustration est destinée à être diffusée dans les pays alliés, en présentant les liens qui unissent ces nations à la France et leur participation militaire sur le front.

Visionneuse stéréoscopique :

*Elle a l'avantage de permettre
la vue en relief de plusieurs plaques
de verre, tandis que le modèle
de base demande une manipulation
plaque par plaque.
Les visionneuses à chargement
étaient notamment mises
à disposition des visiteurs
des expositions de la Section
photographique de l'armée.*

110 000 clichés sur verre - mais aussi très fragile. Bien qu'une grande partie des négatifs sur plaques de verre soit restée en bon état de conservation, les plaques originales ont subi les effets du temps, des variations climatiques et les agressions des agents environnants : certaines ont été brisées ou fêlées, l'émulsion s'est parfois décollée, des champignons ont pu se développer. Le rangement dans des boîtes en bois n'a pas favorisé une conservation pérenne.

Après une patiente restauration matérielle (reconstitution des plaques brisées, remise en place de la gélatine décollée), la préservation de la collection passe par la numérisation : la plaque est nettoyée puis scannée pour obtenir un fichier numérique qui viendra compléter la base de données informatiques de l'établissement. La plaque est alors reconditionnée dans une pochette en papier permanent, c'est-à-dire chimiquement neutre, et rangée verticalement dans une boîte en polypropylène présentant les mêmes caractéristiques. Désormais, seul le fichier numérique sera donné à la consultation, la sortie de l'original demeurant exceptionnelle.

Lieutenant Hélène Guillot
Chef du département enrichissement documentaire

Lieutenant Miguel Beuvier
Chef du département conservation restauration

The New France :

Revue en langue française et anglaise, The New France *est publiée chaque mois aux États-Unis pour renforcer les liens franco-américains.*

Ces photographies sont disponibles à la Médiathèque de la Défense/ECPAD

Du lundi au jeudi de 10h00 à 17h00
Le vendredi de 10h00 à 16h00

2 à 8, route du Fort
94205 IVRY-SUR-SEINE CEDEX

Tél. : 01 49 60 52 73
e-mail : mediatheque@ecpad.fr
www.ecpad.fr

Cet ouvrage a été conçu et réalisé par l'ECPAD à partir de ses archives.

Il a été imprimé par la société Escourbiac

Coordination générale
colonel Yann Péron

Direction scientifique
Violaine Challéat

Recherche iconographique, sélection, textes et légendes
lieutenant Hélène Guillot, lieutenant Miguel Beuvier, aspirant David Sbrava

Relecture
adjudant-chef Martine Janel Tillman

Préfaces
colonel (R.) Peter Herrly, aspirant David Sbrava

Traduction
Olivier Simoncelli

Numérisation
caporal-chef Pascal Bolopion, caporal Gérald Camarasa

Conception graphique
Sylvie Guittet

Photographies
sergent-chef Richard Nicolas-Nelson, sergent-chef Alban Battestini

Chargé de projet
Stéphane Carbone

RETROUVEZ ÉGALEMENT DANS LA COLLECTION « IMAGES DE…»

La collection « Images de… » explore les fonds d'archives de l'ECPAD selon des thématiques originales. Véritables témoignages du quotidien des Français et de leurs armées depuis 1915, ces recueils de photographies souvent inédites vous offrent un voyage émouvant au cœur de la mémoire.

FEMMES DANS LA GUERRE
20 €

90 ANS DE L'ECPAD
15 €

VERDUN
14,90 €

LA GUERRE D'ALGÉRIE
19 €

LA FRANCE LIBÉRÉE
15 €

Découvrez toutes les productions de l'ECPAD sur www.ecpad.fr
Contact : ecpad@ecpad.fr

Cet ouvrage est distribué par les éditions Italiques

éditions
italiques

1, chemin des Beauregards
78510 Triel-sur-Seine
01 39 70 55 25
www.italiques.com

et réalisé en partenariat avec l'association *La Fayette, nous voilà !*
www.lafayette.com

L'association *La Fayette, nous voilà !* tire son nom de la célèbre exclamation du colonel Charles E. Stanton, bras droit du général Pershing,
prononcée le 4 juillet 1917, à l'occasion de l'arrivée du corps expéditionnaire américain dans la Grande Guerre,
sur la tombe du marquis de La Fayette, ce jeune aristocrate français qui mit son épée au service de l'Indépendance américaine.

La Fayette, nous voilà ! a pour objet de promouvoir l'amitié franco-américaine et de faire redécouvrir notre histoire commune
en rappelant à quel point l'héritage français est consubstantiel de l'identité des États-Unis.

La Fayette, nous voilà ! se propose à cet effet de :

• recueillir, préserver, promouvoir et transmettre la mémoire partagée franco-américaine,

• aider les Américains à retrouver la trace de leurs ancêtres partis de France, et à découvrir les lieux où se sont forgées les armes
qui leur ont apporté la liberté.

• faire connaître aux Américains les lieux de mémoire dans lesquels leurs aïeux sont tombés pour notre pays :
si beaucoup ont visité les grandes nécropoles de Normandie près des plages du débarquement, combien se sont recueillis dans les cimetières
militaires américains de la Somme ou de l'Aisne ?

• encourager les historiens qui contribuent à faire mieux connaître l'histoire commune des deux nations
en aidant à la publication de leurs travaux.